NOTÍCIA LEGAL

O Publicador tem se esforçado para ser o mais preciso e completo possível na criação deste relatório, não obstante o fato de que ele não garante ou representa a qualquer momento que o conteúdo dentro são precisos devido à natureza em rápida mudança da Internet.
A Editora não será responsável por quaisquer perdas ou danos de

qualquer espécie incorridos pelo leitor, seja direta ou indiretamente decorrente do uso das informações encontradas neste relatório. Este relatório não se destina a ser utilizado como fonte legal, comercial, contábil ou Conselho financeiro. Todos os leitores são aconselhados a procurar serviços de profissionais competentes no campo jurídico, comercial, contábil e financeiro. Nenhuma garantia de renda é feita. O leitor assume a responsabilidade pelo uso das informações aqui contidas. O autor reserva o direito de fazer alterações sem aviso prévio. O Publicador não assume responsabilidade por qualquer que seja o interesse do

leitor deste relatório.

INTRODUÇÃO

Marketing de afiliados introduzido

Estar no negócio de marketing afiliado **não é tão difícil**. É

muito mais fácil
agora quando as pessoas têm que fazer uso dos telefones, redes sociais e outros meios de informações apenas para obter as últimas atualizações sobre a forma como o seu programa está

chegando longe.

Então, com a tecnologia em mãos e assumindo que o afiliado está trabalhando em casa, um dia em sua vida soaria algo assim ...
Ao acordar e depois de tomar o café da manhã, o computador é ligado para conferir se há novos desenvolvimentos na rede.
Pode haver novidades para

atualizar e estatísticas para acompanhar.
O design do site deve ser revisado. O comerciante sabe que um bem projetado site pode aumentar as inscrições de visitantes. Também pode ajudar nas taxas de conversão. Feito isso, é hora de enviar o programa aos diretórios que listam os programas de afiliados.
Esses diretórios são meios para atrair pessoas para se juntarem a seu programa de afiliados. Uma maneira certa de promover o programa de afiliados!
Hora de rastrear as vendas que você recebe de seus afiliados de forma

justa e com precisão. Existem pedidos por telefone e e-mails para rastrear. Veja se eles são novos clientes verificando os seus produtos. Anote as informações de contato que poderão ser uma fonte viável no futuro. Existem muitos recursos para resolver: Anúncios, banners, anúncios de botão e amostra,

recomendações para distribuir porque o profissional de marketing sabe que esse é um caminho que poderá garantir mais vendas.

É melhor ficar visível e acessível também.

O comerciante afiliado lembrou que há perguntas a serem respondidas aos visitantes. Isso tem que ser feito rapidamente. Nada pode desligar um cliente do que um e-mail não respondido. Para provar que o afiliado está trabalhando de forma eficaz e eficiente, as consultas terão que receber mais atenção. Ninguém quer ser ignorado e os clientes nem sempre são os mais pacientes de todas as pessoas. Resposta rápida que deve parecer profissional e ainda amigável também. No processo de resolver todas as necessidades o

comerciante está como que logado em um bate-papo na sala onde ele ou ela interage com outros afiliados e aqueles sob esse mesmo programa. É aqui que eles podem discutir coisas, tipo, sobre a melhor forma de promover produtos deles.
Há coisas a serem aprendidas e é um processo contínuo. Compartilhando dicas e conselhos é uma boa maneira de mostrar apoio. Pode haver outros por aí querendo participar e poderão ser

atraídos pela discussão que está acontecendo. Os boletins informativos e E-zines foram atualizados alguns dias atrás, então é hora de o comerciante afiliado ver se há coisas novas acontecendo no mercado. Isto será escrito na publicação de novos conteudos para ser distribuído aos antigos e novos clientes. Essas mesmas publicações também são uma ferramenta importante para manter atualizado os produtos recentemente introduzidos. O comerciante colocou uma venda e promoção que os clientes podem querer conhecer. Além disso, eles têm que acompanhar o prazo dessas vendas escrito nas publicações.

É a hora de mostrar alguma apreciação àqueles que ajudaram o comerciante nas promoções e aumento de venda. Nada como mencionar as pessoas, em seu site e o processo que elas fizeram, com todo o trabalho.

Claro, isso será publicado nos boletins informativos entre as informações importantes que já foram escritas. O comerciante ainda tem tempo para escrever recomendações para aqueles que querem fontes credíveis para os produtos que estão sendo promovidos. Há também tempo

para postar alguns comentários sobre como ser um afiliado de sucesso em um site onde há muitos aspirantes. Dois objetivos feitos ao mesmo tempo.
O comerciante começa a promover o produto, bem como o programa que estão dentro. Quem sabe, alguém pode ser inclinado a se juntar.
O tempo voa... almoço perdido, mas está bastante satisfeito com as tarefas realizadas. Ok, isso pode não ser feito em um dia. Mas então, isso dá uma ideia de como um comerciante afiliado, um dedicado que é, passa o dia de marketing.
Esse sucesso está surgindo a distância ou o que?

As 3 coisas que todos os profissionais de marketing de afiliados precisam saber:

Sobreviva online

Agora, cada comerciante da filial está sempre procurando o mercado de sucesso que pague o maior salário. Às vezes eles acham que é uma fórmula mágica que está prontamente disponível para eles. Na verdade, é mais complicado do que isso. São apenas boas práticas de marketing que foram comprovadas ao longo de anos de trabalho árduo e dedicação.

Existem táticas que funcionaram antes com marketing online e continuam no mundo do

marketing de afiliados online de hoje.
Com estas três principais dicas de marketing, você será capaz de aumentar suas vendas e sobreviver no marketing de afiliados online.

Quais são estas três táticas?

1. Usando páginas da Web exclusivas para promover cada produto separado.

Não agrupe tudo isso apenas para economizar algum dinheiro em hospedagem na web. Isto é:melhor ter um site com foco em cada

produto e nada mais.
Sempre inclua revisões de produtos no site para que os visitantes entendam o que o produto pode fazer para quem os compra.
Além disso, inclua depoimentos de usuários que já experimentaram o produto.
Tenha certeza que esses clientes estão mais do que dispostos a permitir que você use seus nomes e fotos no site do produto específico que você está comercializando.

Você também pode escrever artigos destacando os usos do produto e inclui-los no site como uma página adicional. Torne as páginas atraentes, convincentes e inclua chamadas para agir sobre a informação. Cada título deve atrair os leitores para tentar a ler mais, até mesmo entrar em contato com você.

Realce seus pontos especiais. Isso ajudará seus leitores a aprender sobre o que é a página e vão querer descobrir mais.

2. Ofereça relatórios gratuitos aos seus leitores.

Se possível, posicione-os no topo da sua página para que eles simplesmente não sejam desperdiçados. Tente criar mensagens de auto responder que serão enviadas para aqueles que inserem suas informações pessoais em sua caixa de inscrição. De acordo com pesquisas, uma venda é fechada geralmente no sétimo contato com um cliente em potencial. Apenas duas coisas podem acontecer com a página da web: venda fechada ou a perspectiva de sair da página e nunca mais voltar. Ao colocar informações úteis em suas caixas de entrada em determinado período especificado, você vai descobrir que a venda está fechada. Certifique-se de que o conteúdo seja direcionado para

motivos específicos como: Compre o produto.
Não faça parecer um discurso de vendas.
Concentre-se em pontos importantes, como o seu produto pode tornar a coisas e a vida mais fácil e mais agradável. Inclua linhas de assuntos convincentes no e-mail.

Como tanto quanto possível, evite usar a palavra "livre" porque ainda há mais filtros de spam que despeja esse tipo de conteúdo no lixo antes mesmo de alguém os ler primeiro. Convença aqueles que se inscreveram em seus relatórios gratuitos que eles vão estar perdendo algo grande se eles não se beneficiarem de seus produtos e serviços.

3. Obtenha o tipo de tráfego direcionado ao seu produto.

Basta pensar, se a pessoa que visitou o seu site não tiver interesse algum no que você está oferecendo, eles estarão entre aqueles que seguirão em frente e nunca voltem.

Escreva artigos para publicação em e-zines e e-reportas. Deste jeito você pode localizar publicações focadas em seus clientes-alvo e o que você colocou pode pegar o interesse deles. Tente escrever um mínimo de 2 artigos por semana, com pelo menos 300-600 palavras de comprimento. Escrevendo e mantendo continuamente esses artigos, você pode gerar até 100 leitores direcionados ao seu site em um dia. Lembre-se sempre de que apenas 1 entre 100 pessoas provavelmente comprará seu produto ou obterá seus serviços. Se você puder gerar até 1.000 hits direcionados para seu site em um dia, isso significa que você pode fazer 10 vendas com base na média estatística. As táticas dadas acima não soam muito difíceis de fazer, se você pensar sobre isso. Apenas requer um pouco de tempo e um plano de ação de sua parte. Tente usar essas dicas para vários programas de marketing afiliado. Você pode terminar mantendo uma boa fonte de renda e sobrevivendo neste negócio que não todos os profissionais de marketing podem fazer. Além disso, pense nos enormes contracheques que você receberá!

Como se tornar um super afiliado em nichos de mercado os últimos anos, a hospedagem na Web cresceu muito mais do que costumava ser. Com mais empresas, entrar neste negócio e encontrar os muitos benefícios que pode dar-lhes, a demanda por hospedagem na web nunca foi maior. Esta parece ser a tendência de hoje. **38 milhões de** pessoas colocaram seus primeiros sites on-line no ano de 2005. Estima-se que, até 2019, a indústria de vendas pela Internet superará o Banco do dólar. E pensar que a maioria desses sites oferecerá diferentes

programas afiliados para as pessoas escolherem e participarem. Isso significa apenas uma coisa: Agora é mais fácil encontrar o host certo para sua aplicação.
A possibilidade de crescer o numero de empresas de hospedagem na web de qualidade separando-se do resto da indústria é antecipado. Se isso for feito, os não-profissionais e incompetentes sofrerão.
O suporte será a consideração número um para as pessoas ao escolher um host da web. Será óbvio que a publicidade tradicional se tornará menos efetivo.
A maioria das pessoas preferem optar pelo host

baseado em coisas que eles vêem e ouvem. Também com base nas recomendações daqueles que tentaram e provaram ser um sucesso.
Esta é uma ótima oportunidade para afiliados e revendedores de hospedagem na web.

Há centenas de hospedagens na web e programas para escolher, dificuldade em encontrar o caminho certo para eles não é mais um problema.

Como se tornar um afiliado de sucesso nos mercados de nicho usando web

hospedagem?

Se você pensar sobre isso, todo mundo que precisa

de um site precisa de uma hospedagem na web, uma empresa para hospedá-lo para eles. Com os muitos anfitriões oferecendo programas afiliados, existe a tendência de encontrar aquele que você acha que funcionará melhor para você. Pense no produto que você vai estar promovendo. Padronize-os para o site e veja se eles estão atendendo as mesmas coisas como você quer. Quando você está com um hospedeiro há algum tempo e parece não estar acrescentando

muito apesar de todo seu esforço, deixe aquele e procure outro.
Não adianta tentar ficar com um quando você estaria melhor em outro.

Tente isso.
Se você está feliz e satisfeito com seu host, veja se eles estão oferecendo um programa de afiliados e você pode participar. Em vez de você ficar pagando-lhes, por que não fazer o contrário? eles te pagando.
O processo pode ser tão fácil quanto colocar um pequeno link "energizado por" ou "hospedado por" na parte inferior da sua página e você já está em uma empresa afiliada.
Por que escolher pagar por sua

hospedagem na web quando você não precisa? Tente receber o pagamento informando que você gosta do seu host.
Lembre-se sempre que ao escolher um host, escolha aquele que é conhecido pelo seu fantástico apoio ao cliente.

 Há também muitas hospedagens de programas afiliados.
O programa de afiliação residual também está sendo hospedado.
Isto é o programa em que você é pago uma porcentagem a cada mês para um cliente que você referir. Isso pode permitir que você tenha uma fonte estável de renda.

Com perseverança, você pode até ser bastante bem-sucedido neste campo. Há muitos nichos de mercado por aí esperando o afiliado certo penetrar para eles e fazer esse sonho de dólares se tornar realidade. Sabendo qual entrar é estar confiante o

suficiente de seus potenciais e os bons resultados que você estará recebendo.

Web hosting é apenas um mercado afiliado e você poderia experimentar e fazer alguma renda boa e contínua. Apenas lembre-se de que para ter sucesso no seu negócio também significa que tempo, esforço e

paciência são necessários. Ninguém inventou o mercado de afiliados perfeito ainda. Mas algumas pessoas sabem como se tornar grande neste tipo de mercado. É necessário apenas conhecer o seu tipo de
Mercado (nicho) e fazer os ganhos por lá.

Muitos programas afiliados! Qual eu faço?
Qual escolher?

Faça perguntas primeiro, antes de aderir a um programa de afiliados. Faça uma pequena pesquisa sobre as escolhas do programa que você pretende participar. Obtenha algumas respostas porque elas serão o ponto decisivo do que você vai alcançar mais tarde.

Vai te custar alguma coisa para participar? A maioria dos programas afiliados oferecidos hoje são absolutamente gratuitos. Então, por que se contentar com aqueles que cobram alguns dólares antes de se afiliar?

Quando eles emitem os cheques da comissão? Cada programa é diferente. Alguns emitem seus cheques uma vez por mês, a cada trimestre, etc. Veja um que é adequado para a sua escolha de tempo de pagamento. Muitos programas afiliados vão definir um valor mínimo de comissão que um afiliado deve cumprir ou exceder para que os seus cheques sejam emitidos.

Qual é o raio de acerto por venda? Este é o número médio de acessos a um banner ou link de texto necessário para gerar uma venda com base em todas as estatísticas de afiliados. Esse fator é extremamente importante, pois isso informará quanto tráfego você deve gerar antes que você possa ganhar uma comissão da venda.

Como as referências do site de um afiliado são acompanhadas e por quanto tempo eles permanecem no sistema? Você precisa estar confiante no programa o suficiente para rastrear as pessoas que você mencionou em seu site. Este é o único caminho que você pode creditar para uma venda.
O período de tempo que essas pessoas permanecem no sistema também é importante.
Isso ocorre porque alguns visitantes não compram inicialmente, mas podem querer voltar mais tarde para fazer a compra.
Saiba se você receberá crédito

pela venda, mesmo se for feita alguns meses a partir de um determinado dia.

Quais são os tipos de estatísticas de afiliados disponíveis? Sua escolha de afiliar ao programa deve ser capaz de oferecer estatísticas detalhadas.

Eles devem estar disponíveis on-line a qualquer momento que você decidir vê-los. Constantemente verificando as estatísticas individuais é importante para saber quantas impressões, hits e vendas já são geradas a partir do

seu site. Impressões são o número de vezes que o banner

ou link de texto foi visualizado por um visitante do seu site.
Um sucesso é aquele clicado no banner ou links de texto.

O programa de afiliado também paga pelos hits e impressões? além das comissões sobre vendas? É importante que as impressões e os hits também sejam pagos, pois isso aumentará os ganhos que você recebe das vendas. Isto é especialmente importante se o programa em que você está oferece vendas para poder bater taxa.

Quem é o varejista on-line? Descubra com quem você está

negociando se é realmente uma empresa sólida. Conheça os produtos que estão vendendo e a quantidade média que eles estão alcançando. Quanto mais você souber sobre o varejista e o que o programa de afiliados lhe oferece, mais fácil será para você saber se o programa é realmente para você e seu site.

O programa de afiliado é um programa de um ou dois níveis? Um programa de camada única que paga apenas pelo negócio que você mesmo gerou. Um de dois níveis, além de também lhe pagar uma comissão sobre o lucro nas vendas geradas por

qualquer afiliado que você patrocine em seu programa. Alguns programas de dois níveis estão até pagando pequenas taxas em cada novo afiliado que você é patrocinador. Mais como uma taxa de recrutamento.

Por fim, qual é o valor da comissão paga? 20% - 80% (e alguns casos, 100%!) é a comissão paga pela maioria dos programas. 01% - .05% é o valor pago por cada acerto.
Se você encontrar um programa que também pague por impressões, o valor pago não é muito. Como você pode ver nas figuras.

Agora, entenda por que o valor médio de vendas e a taxa de venda é importante.

Estas são apenas algumas das perguntas que precisarão de ser respondidas antes de você entrar em um programa de afiliados.
Você deve estar familiarizado com os muitos aspectos importantes que o programa escolhido deve ter, antes de incorporá-los em seu site.
Tente perguntar ao seu programa de afiliados, escolha estas perguntas. Estas poderão ajudá-lo a selecionar o programa certo para você entre os muitos disponíveis. Uma das redes de afiliados mais

populares e bem estabelecidas hoje é o [Clickbank](). Eles oferecem dezenas de milhares de produtos que você pode promover instantaneamente

com um 'hoplink'. Ao vender produtos através de seus sistemas eles coletam seus pagamentos de comissão para você e paga diretamente em sua conta bancária, fazendo com que você administre o seu negócio de maneira mais fácil.
Com um pouco de esforço inicial, você pode facilmente configurar um negócio que promove produtos de Clickbank.

Dica principal - Para começar a usar o Clickbank,

recomendamos o ClickBank Sistema de Renda Passiva. Este sistema está todo configurado e pronto para começar a fazer dinheiro para você imediatamente. Também o guia através da miríade de produtos, opções e estratégias que você pode aproveitar para aproveitar ao máximo sua afiliação. Outras plataformas muito boas e conhecidas são a hotmart e a Monnetize.

Quais redes de afiliados para olhar para fora quando Promovendo

Há muitas histórias de horror sobre programas e redes de afiliados.

As histórias que muitos podem ter ouvido são aquelas relacionadas a programas ilegais ou esquemas de pirâmide. Basicamente, esse tipo de mercado não tem produtos reais.
Você não quer ser associado a esses esquemas. É óbvio que você quer um programa que oferece produtos de alta qualidade que você vai prontamente endossar.
O número crescente de pessoas que já aderiram e estão obtendo sucesso imensamente é prova suficiente de que existem programas afiliados confiáveis e de qualidade.

Por que participar de um programa de afiliados?

Ele permite que você trabalhe em meio período. Dá-lhe a oportunidade de construir uma renda residual generosa.

E isso faz de você um proprietário de uma pequena empresa.

Os programas de afiliados já criaram muitos milionários. Eles são o testemunho vivo de como não é difícil trabalhar a prospecção contínua, motivadora e treinar os outros a pagar.

Se você está decidindo se juntar a um, você deve tomar nota de que estará recebendo algo que é padronizado para o que você é capaz de fazer.

Esta será uma garantia de que você é capaz de fazer qualquer coisa para ser bem-sucedido.

COMO VOCE ESCOLHE UM BOM PROGRAMA AFILIADO PARA PROMOVER? ALGUMAS DICAS:

<u>1. Um programa que você gosta e tem interesse.</u>

Uma das melhores maneiras de saber se esse é o tipo de programa que você deseja promover é se você estiver interessado em comprar o produto, você mesmo. Se for o caso, há muitos outros futuros clientes que também estão interessados no mesmo programa e produtos.

2. Procure um programa que seja de alta qualidade. Por exemplo, procure um que esteja associado a muitos especialistas e indústria. Dessa forma, você está certo do padrão do programa que você estará participando.

3. Junte-se aos que oferecem produtos reais e viáveis. Como você sabe disso? Faça alguma pesquisa inicial. Se possível, localize alguns dos membros e clientes para dar-lhe depoimento sobre a credibilidade do programa.

4. O programa que atende a um mercado-alvo crescente.

Isso garantirá a você que haverá mais e contínuas demandas por suas referências. Faça perguntas. Existem fóruns de discussões que você pode participar para obter feedbacks bons e confiáveis.

5. Um programa com um plano de compensação que pague uma comissão de 40% ou mais seria uma ótima escolha.

Existem alguns programas que oferecem este tipo

de compensação. Olhe atentamente. Não perca tempo com programas que não recompensem substancialmente por seus esforços.

Como mencionamos a Hotmart e Monnetize geralmente oferecem até 50% de comissão dependendo do produto e produtor caso você escolha ser um membro afiliado.

<u>6. Esteja ciente das cotas mínimas que você deve cumprir ou vendas-alvo que é muito difícil de alcançar.</u> Alguns programas afiliados impõem pré-requisitos antes de você receber as comissões. Apenas certifique-se de que você é capaz de atingir a seus requisitos.

7. Selecione um que tenha muitas ferramentas e recursos que possam ajudar você a crescer o negócio no menor tempo possível. Nem todos os programas afiliados têm essas capacidades. Escolha um com muitas ferramentas úteis que você possa usar.

8. Confira se o programa tem um sistema comprovado que permita verificar suas redes e compensação. Também verifique se eles estão disponíveis on-line para você consultar a qualquer momento e em qualquer lugar.

9. O programa que oferece fortes incentivos para os membros renovar sua filiação a cada vez.
O programa de afiliados que fornece ajuda e atualizações contínuas para seus produtos têm a tendência de reter seus membros. Essas coisas podem garantir o crescimento de suas redes.

10. Esteja ciente das coisas que os membros não estão felizes em um programa.
Como com os mencionados acima, você pode fazer sua verificação em discussão de fóruns.

Se você conhece alguém nesse mesmo programa, não há problema em perguntar se houver muitas desvantagens envolvidas. Ter conhecimento profundo e intensivo sobre o programa de afiliados de rede que você está promovendo e saber o tipo de programa em que você está se metendo, fará você se antecipar e evitar futuros problemas que possa encontrar.

Lucros fáceis usando PPC em seu marketing afiliado: O negócio

PPC ou Pay-Per-Click na íntegra é um dos quatro tipos

básicos de motores de busca.
PPC é também uma das formas mais eficazes em termos de custo de Internet direcionada.
Vamos dar uma olhada rápida, como funcionam os motores de busca PPC:
Esses mecanismos criam listagens e as classificam com base em um valor de lance
O dono do site está disposto a pagar por cada clique desse mecanismo de pesquisa.
Os anunciantes fazem lances um contra o outro para receber classificação mais alta para uma palavra-chave ou frase.
O maior lance para uma determinada palavra-chave ou

frase terá então o site classificado como número 1 nos motores de busca PPC seguido pelo segundo e terceiro licitante mais alto,

até o último número que colocou um lance na mesma palavra-chave ou frase. Seus anúncios aparecerão com destaque nos resultados e páginas com base no lance de valor em dólar que você concordará em pagar por clique. Como ganhar dinheiro usando PPC em seu negócio de marketing afiliado?

A maioria dos programas afiliados só paga quando uma venda é feita ou um lead entregue depois que um visitante clicou no seu site. Seus ganhos nem sempre serão os mesmos, pois eles dependerão do conteúdo do site e do mercado de tráfego.

A razão pela qual você deve incorporar o PPC no seu marketing de afiliados de programa é que os ganhos são mais fáceis de fazer do que em qualquer outro tipo de afiliado programa não usando PPC. Desta forma, você estará fazendo lucro com base nos cliques que o visitante fará no site do anunciante. Ao contrário de alguns programas, você não é pago por venda ou ação.

PPC pode ser muito engenhoso no seu site. Com motores de busca PPC incorporado em seu programa de afiliados, você será capaz de lucrar com o visitante que não está interessado em seus produtos ou serviços. Os mesmos

que saem do seu site e nunca mais voltam. Você não só terá comissões daqueles que estão apenas procurando a web para encontrar os produtos e serviços que eles queriam, mas você vai ser capaz de construir o reconhecimento do seu site como um recurso valioso. Os visitantes que encontraram o que precisavam em seu site provavelmente voltarão. Revise o que você está oferecendo mais de perto. Então eles eventualmente retornarão para pesquisar na web por outros produtos. Esse tipo de programa de afiliados também é uma maneira fácil de gerar mais receitas adicionais.

Por exemplo, quando um visitante em seu site faz uma pesquisar no PPC Search Engine e clica nas listas de anunciantes a conta do anunciante será deduzida por causa desse clique. Com isso, você será compensado de 30% a 80% do valor do lance dos anunciantes.

O PPC não é apenas uma fonte de geração de lucros fáceis, mas também poderá ajudá-lo para que promova seu próprio site. A maioria dos programas permitem que as comissões recebidas seja para ser gasto em publicidade com eles instantaneamente e sem ganho mínimo requerido.

Esta é uma das maneiras mais eficazes de trocar sua matéria-prima para visitantes surfistas direcionados que tem mais tendências para comprar produtos e serviços.

O que acontecerá se você integrar o PPC no seu programa de afiliados?

O PPC geralmente tem ferramentas de afiliados prontas para uso que podem ser facilmente integradas em seu site.

As ferramentas mais comuns são: caixas de pesquisa, banners, links de texto e algumas páginas de erro 404.

A maioria dos mecanismos de pesquisas utilizam soluções personalizadas e podem fornecer-lhe um programa de afiliados de marca branca.

Isso permite que você, use apenas algumas linhas de código para integrar a pesquisa de marcas compartilhadas hospedada remotamente em seu site.

Os principais benefícios? Não só mais dinheiro gerado, mas também uma comissão vitalícia. *Pense nisso.* Onde você pode obter todos esses benefícios enquanto já está gerando alguma renda para o seu site? Conhecendo algumas das ferramentas mais úteis que você pode ter.
O uso para o seu programa de afiliados não é

perda de tempo. Eles são um meio de ganhar dentro de um salário.

Saiba mais sobre como você pode usar os mecanismos de pesquisa de PPC no seu programa de afiliado do que perder uma grande oportunidade de ganhar mais lucros.

Usando recomendações de produtos para aumentar sua Linha de fundo

Em marketing afiliado, existem muitas maneiras de aumentar seus ganhos e manter a conta que você trabalhou tão duro para já. Confira http://bit.ly/marketingdeatração

A maioria das técnicas e táticas podem ser aprendidas facilmente. Não precisa ir em qualquer lugar e mais longe. Elas estão disponíveis on-line, 24 horas por dia e 7 dias por semana. Uma das formas mais importantes de aumentar a lucratividade do marketing de afiliados e vendas é através do uso de recomendações de produtos.
Muitos comerciantes sabem que esta é uma das formas mais eficaz de promover certos produtos.
Se os clientes ou visitantes confiarem em você o suficiente, eles definitivamente confiarão em suas recomendações.

Tenha muito cuidado ao usar essa abordagem, no entanto se você começar a promover tudo por recomendação, sua credibilidade vai realmente ter um desgaste fino. Isto é visto especialmente quando as recomendações são aparentemente exageradas e sem muito mérito. Não tenha medo de mencionar coisas que você não gosta em um determinado produto ou serviço. Em vez de perder pontos para você, isso fará com que sua recomendação seja mais realista e tenderá a aumentar sua credibilidade.

Além disso, se os visitantes estiverem realmente interessados no que você está oferecendo,

eles ficarão mais do que felizes em saber o que é bom sobre o produto, o que não é tão bom e como o produto irá beneficiá-los. Quando você está recomendando um determinado produto, há algumas coisas de como fazê-lo funcionar de forma eficaz e para sua vantagem. Soe como o verdadeiro e principal especialista em seu campo.

Lembre-se desta equação simples: a resistência ao preço diminui em proporção para confiar.

Se os visitantes sentirem e acreditarem que você é um especialista em seu nicho, eles estarão mais inclinados a fazer essa compra.

Por outro lado, se você não está exalando qualquer confiança e autoconfiança em endossar seus produtos, eles provavelmente vão se sentir da mesma maneira e irão em busca de outro produto ou serviço que seja mais crível. Como você estabelece essa aura de especialização? Ao oferecer exclusividades e novas soluções que eles não teriam em nenhum outro lugar.

Mostre a prova de quem você é promovendo ofertas, brindes...como prometido. Mostre depoimentos proeminentes e endossos de personalidades respeitadas e conhecidas, em áreas relacionadas do curso. Evite o hype a todo custo. É melhor soar discreto e confiante do que gritar e procurar atenção. Além disso, você não gostaria de soar como um amador e passar esse pensamento a seus potenciais clientes e clientes, ou você faria? Melhor parecer legal e

seguro ao mesmo tempo.
E lembre-se: as perspectivas não são estúpidas. Eles estão realmente se voltando para especialistas e já podem conhecer as coisas que você conhece.
Se você fizer backup de suas reivindicações com fatos e dados concretos, eles de bom grado colocarão centenas, ou mesmo milhares de dinheiro em suas promoções.
Mas se você não fizer isso, eles são inteligentes o suficiente para olhar para os seus concorrentes e o que eles estão oferecendo.
Ao recomendar um produto, também é importante que você distribua

brindes promocionais.

As pessoas já estão familiarizadas com o conceito de ofertas e brindes para promover seus produtos. Mas muitas poucas pessoas fazem isso para promover produtos afiliados. Tente oferecer brindes que possam promover ou até mesmo ter algumas informações sobre seus produtos ou serviços.

Antes de adicionar recomendações ao seu produto, é recomendável que você teste o produto e o suporte. Não corra o risco de promover lixo de produtos e serviços. Pense em quanto tempo você levou

para construir uma credibilidade e confiança entre os seus visitantes.
Tudo o que será necessário para destruí-lo é um grande erro da sua parte.
Se possível, tenha recomendações de produtos que você tem 100% confiança.
Teste o suporte do produto antes de começar a garantir que as pessoas a quem você está se referindo não ficariam altas e secas quando um problema de repente despertar.

Dê uma olhada no seu mercado afiliado e veja as estratégias que você está usando.
Você pode não estar se concentrando nas recomendações que seus produtos

precisam ter. Seu plano de ação às vezes não é a única coisa que está fazendo o seu programa funcionar. Tente a recomendação do produto e esteja entre os poucos que provaram que vale a pena.

Usando o Camtasia para aumentar suas verificações de afiliados

Como já existem muitas pessoas entrando no marketing de afiliados pergunto-me que a competição está ficando acirrada.

O desafio é tentar superar outros afiliados e penso em maneiras de conseguir isso.

Há também muitas dicas e técnicas sendo ensinadas a esses afiliados, para planejarem melhor as suas estratégias e os seus programas de forma eficaz e seus ganhos serem alcançados.
Que melhor maneira há de impressionar seus prospects e clientes do que gravar e publicar vídeos de primeira qualidade, movimento total e transmissão de tela capturada.
Nada como sentir seu trabalho duro sendo pago, por ter seus clientes pulando animadamente em grande expectativa para comprar o seu produto ali mesmo.

É um fato comprovado:

Dando aos seus clientes algo que eles podem realmente ver e explodir suas vendas on-line instantaneamente.

Você não precisa ter treinamentos e educação para poder saber como esse sistema pode trabalhar para o seu programa de afiliados.
Qualquer um pode criar vídeos, de tutoriais, multimídia e apresentações passo a passo
O processo é como ter seus clientes sentados ao seu lado e
olhando para a sua área de trabalho, como você mostra as coisas que eles precisam ver e ouvir.
Tudo isso feito passo a passo.

Para quem ainda não sabe, como funciona o Camtasia?

1. Pode gravar sua atividade na área de trabalho com um único clique. Não precisa ter que salvar e compilar todos os seus arquivos, porque está gravado ali.

2. Pode facilmente converter seus vídeos em páginas da web. Uma vez convertido, você pode ter seus clientes visitando essa determinada página.
Vídeos são mais fácil de entender, ao contrário de ler textos que muitas das vezes é uma coisa difícil de fazer.

 Carregue suas páginas. Publiqueos através de blogs, feed RSS e podcasts.

Você pode querer que seus vídeos Camtasis cheguem e alcancem outras pessoas que podem ser clientes potenciais no futuro.
Nada como ser visível em muitos sites e páginas para se anunciar e passar sua mensagem.
Há outras coisas que você pode fazer com seu programa de afiliados usando o Camtasia.
Você pode:
Criar apresentações multimídia impressionantes que comprovadamente aumentam as vendas, porque todos os sentidos estão envolvidos.

Isso também tem a tendência de reduzir o ceticismo entre os clientes difíceis de agradar.

Reduzir reembolsos e outros problemas do cliente, demonstrando visualmente como usar seu produto e como fazê-lo corretamente. Reclamações também serão minimizadas porque todos os fatos e a apresentação estão lá para os clientes apenas ver e ouvir sobre.

Promova produtos e serviços afiliados usando apresentações visuais. Isto é uma maneira eficaz de redirecionar seus espectadores diretamente para o seu site afiliado após eles terminaram com o vídeo. Aproveite ao máximo a apresentação colocando a localização do seu site no final para fazê-los ir lá diretamente, se eles quiserem mais Informações. Multiplique seus lances de leilão on-line exponencialmente quando você dá a seus leitores o sentir, o que você tem para oferecer. Baseado em relatórios, leilões que incluem fotos aumenta a porcentagem de lances em 400%. Imagine o quanto mais alto será se fossem vídeos. Publique infoprodutos valiosos que você pode vender por um preço muito mais alto.

Fará tudo valer o preço por causa do menu gráfico colorido cheio e modelos que você estará usando. Minimize a falta de

Comunicação com seus clientes mostrando instantaneamente o que você quer que eles querem.
Em primeiro lugar, é fazê-los entender claramente a essência do seu programa de afiliados. A coisa boa sobre multimídia é, nada pode dar errado. Estas são apenas algumas das coisas que você pode fazer com Camtasia que podem ser muito úteis em seu

programa de afiliados escolhido. Note que o principal objetivo de usar o Camtasia é aumentar a renda que é gerada a partir do seu programa de afiliados. Embora possa ser usado para entretenimento e diversão, o que não é realmente uma

razão válida para você escolher esse programa. Tente se concentrar no objetivo que você estabeleceu para si mesmo e conseguir isso com o uso das coisas que podem ser bastante úteis para aumentar seus ganhos.

TOP: 3 MANEIRAS DE IMPULSIONAR AS

SUAS COMISSOES DE AFILIADOS PASSAR A NOITE

O mundo ideal do marketing de afiliados requer de você um site, lidar com clientes, reembolsos, desenvolvimento de produtos e manutenção. Esta é uma das maneiras mais fáceis de se lançar em um site de negócios e ganhar mais lucros. Assumindo que

você já está em um programa de afiliados, qual seria a próxima coisa que você gostaria de fazer? Duplicar, ou até triplicar, suas comissões, certo? Como você faz isso?

Aqui estão algumas dicas

poderosas sobre como aumentar seu programa de afiliados e comissões:

1. **<u>Conheça o melhor programa e produtos para promover.</u>**

Obviamente, você gostaria de promover um programa que lhe permitirá alcançar os maiores lucros no menor tempo possível. Existem vários fatores a considerar na seleção de um programa desse tipo. Escolha aquele que têm uma estrutura de comissão generosa. Tem produtos que se encaixam com o seu público-alvo. E isso tem um histórico sólido de

pagar, afilie-se facilmente e no prazo.
Se você não consegue aumentar seus investimentos, despeje esse programa e continue procurando por melhores.
Existem milhares de programas de afiliados online que lhe dão a razão de ser exigente.
Você pode querer selecionar o melhor para evitar perder sua publicidade em dólares.
Escreva relatórios gratuitos ou pequenos E-Books para distribuir a partir do seu site.

Existe uma grande possibilidade de você estar competindo com outros afiliados que estão promovendo o mesmo produto. Se você começar a escrever um relatório curto relacionado ao produto que você está promovendo, você será capaz de se distinguir do outros afiliados. Nos relatórios, forneça algumas informações valiosas gratuitamente. Se possível, adicione algumas recomendações sobre os produtos. Com E-Books, você recebe credibilidade. Os clientes verão isso em você e eles serão atraídos para experimentar o que

você está oferecendo.

2. Colete e salve os endereços de e-mail de quem baixar seus E-Books gratuitos.

É um fato conhecido que as pessoas não fazem uma compra na primeira solicitação. Você pode enviar sua mensagem mais de seis vezes para fazer uma venda. Esta é a razão simples pela qual você deve coletar as informações de contato daqueles que baixarem seus relatórios e E-Books. Você pode fazer follow-ups nesses contatos, para lembrá-los de fazer uma compra com você. Obtenha as informações de contato de um cliente em potencial, antes de enviá-las para o fornecedor.

Tenha em mente que você está fornecendo publicidade gratuita para o proprietário de produtos.

Você é pago apenas quando faz uma venda. Se você enviar perspectivas diretamente para os fornecedores, as chances são de que elas serão perdidas para sempre.

Mas quando você recebe seus nomes, você sempre pode enviar outras mensagens de marketing para que eles possam ganhar uma comissão em andamento em vez de uma única venda.

Publique um boletim on-line ou

E-zine. É sempre melhor recomendar um produto para alguém que você conhece do que vender para um estranho. Esse é o propósito ao publicar sua própria newsletter. Isso também permite que você desenvolva um relacionamento baseado em confiança com seus assinantes. Essa estratégia é um equilíbrio delicado entre fornecer informações úteis com um discurso de vendas. Se você continuar a escrever editoriais informativos, você poderá construir um senso de reciprocidade com os seus leitores o que poderá levá-los a apoiá-lo, comprando dos seus produtos.

Dica principal –

Para gerenciar sua lista de e-mail e configurar um serviço de autoresponder para monetizar, você precisará usar os serviços de uma empresa de gerenciamento de lista. Existem muitas empresas que oferecem este serviço, mas quase todas irão cobrar-lhe uma quantidade crescente por mês, dependendo do tamanho da sua lista, e elas podem ficar muito caro.

3. Solicite uma comissão superior à

normal dos comerciantes.

Se você já é bem-sucedido com uma promoção em particular, você deve tentar:

Abordar o comerciante e negociar uma comissão percentual para suas vendas. Se o comerciante for inteligente, ele provavelmente concederá a sua solicitação em vez de perder um ativo valioso como você. Tenha em mente que você é um investimento de risco zero para o seu comerciante; por isso não tenha vergonha de pedir a adição em suas comissões. Apenas tente ser razoável sobre isso.

Escreva anúncios pagos por clique. Motor de busca PPC é o meio mais eficaz de publicidade online. Como afiliado, você pode fazer uma pequena renda apenas por gerenciamento de campanhas de PPC, como o Google AdWords e Overture. Então você deve tentar monitorá-los para ver quais anúncios são mais eficazes e quais irá descartar. Experimente estas estratégias e veja a diferença que pode fazer à sua comissão obter cheques no menor tempo.

Como evitar os 3 Erros de afiliados mais comuns

À medida que o manual chega ao fim e fecha a publicação

Aqui estão alguns sinais de perigo e águas perigosas que você não deve estar pisando na cena de marketing de afiliados!
Então ouça ...

O marketing de afiliados é uma das maneiras mais eficazes e poderosas de ganhar dinheiro online.
Este programa dá a todos a chance de obter lucros através da internet. Como esses programas de marketing de afiliados são fáceis de aderir, implementar e pagar uma

comissão regularmente, as pessoas agora estão dispostas a esse negócio. No entanto, como em todas as empresas, há muitas armadilhas no marketing de afiliados e cometer alguns dos erros mais comuns vai custar ao comerciante uma grande parte da retirada do lucro que ele está fazendo todos os dias. É por isso que é melhor evitá-los do que arrepender-se no final.

Erro número 1: Escolhendo o programa afiliado errado.

Muitas pessoas querem ganhar com marketing de

afiliados o mais rápido possível.
Na sua pressa para fazer parte de um, eles tendem a escolher um produto bandwagon. Isto é: O tipo de produtos que o programa acha que é "quente". Eles escolhem o produto que está em demanda, sem realmente considerar se o produto agrada a eles.
Este não é um movimento muito sábio, obviamente.

Em vez de pular no trem, tente escolher um produto no qual você está realmente interessado. Para qualquer tentativa de sucesso, você deve ter tempo para planejar e descobrir suas ações.

Escolha um produto que agrade a você. Então faça alguma pesquisa sobre esse produto para ver se ele está em demanda. Promovendo um produto que você é mais apaixonado ou se identifique com ele, é mais fácil do que promovê-lo apenas pelo lucro.

Erro número 2: juntar muitos programas afiliados.

Como os programas de afiliados são muito fáceis de aderir, você poderá se sentir tentado a participar de múltiplos programas afiliados, para tentar maximizar os ganhos que você poderá obter.

Além disso, você pode pensar que não há nada errado e nada para perder por fazer parte de muitos programas afiliados.

É verdade que é uma ótima maneira de ter várias fontes de renda. No entanto, juntando vários programas e tentar promovê-los todos ao mesmo tempo irá impedir que você se concentre em cada um deles.

O resultado? O potencial máximo do seu programa de afiliados não é realizado e a renda gerada não será exatamente tão grande quanto você estava pensando que inicialmente seria.

A melhor maneira de obter um resultado excelente

é juntando apenas um programa que paga uma comissão de 40% pelo menos. Então, dê o melhor de si promovendo seus produtos entusiasticamente. Assim que você ver que já está fazendo um lucro razoável, talvez você possa agora se juntar a outro programa de afiliados.

A técnica é fazê-lo lenta, mas seguramente.

Não há necessidade de apressar as coisas, especialmente com marketing afiliado. Com o jeito que as coisas estão indo o futuro está olhando real e brilhante e parece que o marketing afiliado vai ficar por muito tempo também.

Erro número 3: Não comprar o produto ou usar o serviço.

Como afiliado, o seu principal objetivo é promover de forma eficaz e convincente um produto ou serviço para encontrar clientes. Para você alcançar este propósito, você deve ser capaz de transmitir aos clientes um determinado produto e serviço. Isto é, portanto, difícil fazer quando você mesmo não testou ou conhece o produto a fundo. Assim, você não conseguirá promovê-los e recomendá-los de maneira convincente. Você também deixará de criar um desejo em seus clientes para

aproveitar qualquer um dos que você está oferecendo. Experimente o produto ou serviço pessoalmente antes de se inscrever como afiliado Veja se está realmente cumprindo o que promete.
Se você fez isso, então você está dando um dos testamentos credíveis e vivos conscientes de suas vantagens e desvantagens. Seus clientes sentirão a sinceridade e a veracidade em você e isso vai levá-los a experimentá-los por si mesmos. Muitos comerciantes da filial cometem esses erros e estão pagando caro por suas ações.

Para não cair na mesma situação em que estiveram, tente fazer de tudo para evitar cometer os mesmos erros.

O tempo é a chave. Aproveite o tempo para analisar sua estratégia de marketing e verificar se você está no caminho certo. Se feito corretamente, você será capaz de maximizar o seu programa de marketing afiliado e ganhar lucros maiores.

CONCLUSAO

Esperamos que você tenha gostado deste livro e que o mesmo tenha sido de grande proveito para o seu conhecimento no ramo de marketing de afiliados.

Desejo muito sucesso nessa empreitada, aconselho a ler o livro quantas vezes julgar necessário.

E lembre-se: Persistência, dedicação e foco são a chaves para se chegar longe.

Nosso site com dicas de negócios grátis
http://dicasenegocios.gq/

Atraia pessoas interessadas em seu negócio e lucre muito
http://bit.ly/marketingdeatração

Um grande abraço

Alexandre da Silva

www.ingramcontent.com/pod-product-compliance
Lightning Source LLC
Chambersburg PA
CBHW030442220526
45464CB00006B/2381